महाभारत
की कहानियाँ

द्रोणाचार्य का आश्रम

सुभद्रा सेन गुप्ता

Om KIDZ
An imprint of Om Books International

जब पांडव हस्तिनापुर लौटे, तब सबसे बड़े राजकुमार युधिष्ठिर की आयु सोलह वर्ष थी। भीष्म एवं उनके मुख्यमंत्री विदुर ने उन लोगों का स्वागत किया और वे सब महल में ही रहने लगे। धृतराष्ट्र एवं गांधारी के पुत्रों को कौरव कहा जाता था। पांडु, कुंती एवं माद्री के पुत्र पांडव कहलाए।

पांडवों में राजा के सभी लक्षण थे – ईमानदारी, वीरता, कौशल, सुंदरता एवं बुद्धिमत्ता और उनमें अपने पिता के भी सभी गुण निहित थे। धर्मराज का पुत्र होने के कारण युधिष्ठिर विद्वान थे और सदा सत्य ही बोलते थे एवं न्याय में विश्वास करने वाले थे।

अर्जुन देवताओं के राजा इंद्र के पुत्र थे। वे सभी राजकुमारों में सबसे अच्छे धनुर्धर और एक वीर योद्धा थे।

भीम वायु देव के पुत्र थे और वे सभी राजकुमारों में सबसे अधिक शक्तिशाली थे। कुश्ती में उन्हें कोई भी पराजित नहीं कर सकता था। जुड़वाँ भाई नकुल एवं सहदेव अश्विन कुमारों के पुत्र थे। नकुल का व्यक्तित्व बहुत ही सौम्य था। सहदेव बहुत अधिक बुद्धिमान एवं भविष्य को देख सकने वाले राजकुमार थे। भीष्म ने विदुर से कहा, “पांडव भले ही वन में रहकर बड़े हुए हैं किंतु वे राजकुमार हैं। उनकी भी शिक्षा-दीक्षा होनी चाहिए एवं उन्हें भी योद्धाओं जैसा ही प्रशिक्षण मिलना चाहिए।”

विदुर ने कहा, "मैं आपकी बात से सहमत हूँ और सभी भाइयों में ज्येष्ठ होने के कारण एक दिन युधिष्ठिर ही हस्तिनापुर के राजा बनेंगे एवं उनमें एक राजा के सभी गुण भी हैं।" उन्होंने आगे पूछा, "कौन राजकुमारों को शिक्षा देगा? हमें एक गुरु की आवश्यकता होगी।"

भीष्म ने कहा, “गुरु द्रोणाचार्य को बुलाया जाए। पूरे साम्राज्य में वे सबसे अच्छे शिक्षक हैं। वे पांडवों एवं कौरवों दोनों को महान योद्धा बनने की शिक्षा देंगे।”

पांडवों एवं कौरवों को गुरु द्रोणाचार्य के आश्रम भेज दिया गया। गुरु द्रोणाचार्य का आश्रम वन में था और सभी राजकुमारों को कुटिया में रहकर वेदों एवं पुराणों की शिक्षा ग्रहण करनी पड़ी और गुरु द्रोणाचार्य ने उन्हें धनुर्विद्या की शिक्षा भी दी।

गुरु द्रोणाचार्य ने राजकुमारों से कहा, “तुम सभी राजाओं के पुत्र हो और हस्तिनापुर जैसे महान साम्राज्य के राजकुमार होने के कारण तुम सभी को पवित्र ग्रंथों का अध्ययन कर विद्वान बनना होगा। साथ ही तुम लोगों को युद्ध लड़ने और योद्धा बनने की कला भी सीखनी होगी।”

द्रोणाचार्य ने पांडवों एवं कौरवों को युद्ध के सभी कौशल सिखाए, ताकि वे रणभूमि में शत्रुओं को पराजित कर सकें। उन्होंने घुड़सवारी और रथ चलाना सीखा। उन्हें तलवार और ढाल, भाले, गदा और युद्ध-कुल्हाड़ी से लड़ना भी सिखाया गया था।

पांडवों का युद्ध-कौशल देखकर कौरवों के मन में ईर्ष्या की भावना जागृत हो गई। जब धनुष-बाण के प्रयोग की बात आई, तो अर्जुन को कोई नहीं हरा सका। वह एक पेड़ की शाखाओं के बीच रखे एक पक्षी के आकार के खिलौने की आँख को निशाना बना कर उसे केवल एक तीर से भेद सकता था।

पांडवों में भीम एवं कौरवों में ज्येष्ठ दुर्योधन सबसे अधिक शक्तिशाली थे। जब वे गदा से लड़ते थे या एक-दूसरे को कुश्ती लड़ने की चुनौती देते तो वह एक शक्तिशाली युद्ध होता था। दुर्योधन के मन में इस बात को लेकर क्रोध रहता था कि वीरता से लड़ने के बाद भी वह सदैव भीम से पराजित हो जाता था।

उधर धृतराष्ट्र को जब दुर्योधन के राजा न बनने की जानकारी मिली, तो वे बहुत अधिक दुःखी हो गए। हस्तिनापुर के सिंहासन पर बैठने वाला अगला राजा युधिष्ठिर को होना था। ऐसा इसलिए था क्योंकि वे विचित्रवीर्य के सबसे बड़े पौत्र थे एवं उनकी उदारता तथा न्यायप्रियता के कारण हस्तिनापुर के सभी लोग उनसे बहुत अधिक प्रेम करते थे।

दुर्योधन ने अपने मामा शकुनि को बुलाया और कहा, "हम कौरव युद्ध में सदैव ही पांडवों से पराजित हो जाते हैं। मुझे यह सब देखकर बहुत अधिक क्रोध आ रहा है।"

शकुनि ने हँसते हुए कहा, "और एक दिन जब युधिष्ठिर राजा बन जाएगा तब भीम एवं अर्जुन सभी कौरवों को राज्य से बाहर कर देंगे।"

दुर्योधन, शकुनि एवं धृतराष्ट्र ने गुप्त रूप से एक बैठक की। दुर्योधन ने शकुनि से कहा, "हमें इन पांडवों से पीछा छुड़ाना होगा। आप एक चतुर व्यक्ति हैं। इसके लिए एक योजना तैयार कीजिए।" शकुनि ने कुटिल मुस्कान के साथ कहा, "ऐसा ही होगा दुर्योधन!"